Un acercamiento a las plantas

RAÍCES

Alicia Klepeis y Pablo de la Vega

Rourke™

Actividades para antes y después de la lectura

Antes de la lectura:

Construcción del vocabulario académico y los conocimientos previos

Antes de leer un libro, es importante utilizar lo que ya saben los niños acerca del tema. Esto los ayudará a desarrollar su vocabulario, incrementar su comprensión de la lectura y hacer conexiones con otras áreas del currículum.

1. *Ve la portada del libro y lee el título. ¿De qué crees que trata este libro?*
2. *¿Qué sabes de este tema?*
3. *Veamos el índice. ¿Qué aprenderás en cada capítulo del libro?*
4. *¿Qué te gustaría aprender acerca de este tema? ¿Piensas que podrías aprender algo con este libro? ¿Por qué sí o por qué no?*
5. *Usa un diario de lectura y escribe en él tus conocimientos de este tema. Anota lo que ya sabes de él y lo que te gustaría aprender.*
6. *Lee el libro.*
7. *En tu diario de lectura, anota lo que aprendiste del tema y tus reacciones al libro.*
8. *Después de leer el libro, realiza las actividades que se encuentran abajo.*

Área de contenido Vocabulario
Lee las palabras de la lista. ¿Qué significan?

ápice de la raíz
caliptra
nutrientes
pelos radicales
plántula
radícula
raíces fibrosas
raíces secundarias
raíz pivotante

Después de la lectura:

Actividad de comprensión y extensión

Después de leer el libro, use las siguientes preguntas con su hijo o alumnos para verificar su nivel de comprensión lectora y dominio del contenido.

1. *¿Cuál es la función principal que cumplen las raíces en las plantas?* (Resume).
2. *¿Las plantas pueden sobrevivir sin raíces?* (Infiere).
3. *¿En qué se diferencian las raíces pivotantes de las raíces fibrosas?* (Formulación de preguntas).
4. *¿Te gustaría comer raíces? ¿Cuáles?* (Conexiones texto a ti mismo).
5. *¿Qué condiciones permiten que las raíces de las plantas crezcan?* (Formulación de preguntas).

Actividad de extensión:

Después de leer el libro, germina tus propias plantas. En un lugar donde dé el Sol, coloca cuatro semillas en un contendor con tierra. Intenta plantar dos semillas en cada extremo del contenedor. Riega la tierra hasta que esté húmeda. Cuando las plántulas tengan alrededor de una pulgada (2.5 centímetros) de altura, saca una plántula de cada extremo. Mira sus raíces. Sigue regando las plántulas de solo un extremo del contenedor (etiquetadas como A), pero no las del otro extremo (etiquetadas como B). ¿Qué le sucede a las plantas?

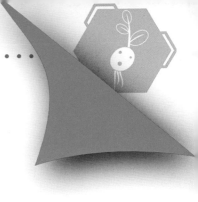

Índice

Hay plantas por todos lados   4

De dónde vienen las raíces   6

Qué hacen las raíces   8

Cómo son las raíces   16

Actividad: ¿Qué necesitan
las raíces para crecer?   21

Glosario   22

Índice alfabético   23

Demuestra lo que aprendiste   23

Acerca de la autora   24

Hay plantas por todos lados

Imagina un maple en un parque. O un grupo de flores en tu jardín. Hay plantas por todos lados. Las plantas tienen distintos colores, formas y tamaños. Las secoyas gigantes miden cientos de pies de altura. ¡Pero las wolffias son del tamaño de granas de caramelo!

Cualquiera que sea su tamaño, las plantas suelen tener las mismas partes principales, entre las que se encuentran las raíces, el tallo y las hojas.

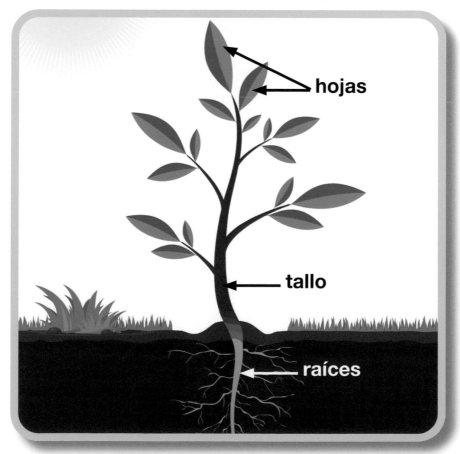

De dónde vienen las raíces

La mayoría de las plantas nacen de semillas. Cada semilla contiene una planta minúscula dentro. Las semillas necesitan agua, calor y una buena ubicación para germinar. ¿Qué sucede si hay esas condiciones? Una **plántula** comenzará a echar raíces.

¿Cómo crecen las raíces? Primero, una raíz principal sale de la semilla. Es llamada **radícula**. Está conectada al tallo. Las **raíces secundarias** salen de la radícula.

La mayoría de las plantas tienen raíces subterráneas. Pero algunas plantas tienen raíces bajo el agua. Los nenúfares son un ejemplo.

nenúfares

radícula

raíz secundaria

Qué hacen las raíces

Las raíces ayudan a las plantas a crecer y sobrevivir. Las raíces funcionan como el ancla de un bote. Mantienen a la planta en el mismo lugar. Sin raíces, una planta podría ser arrastrada por el viento. Una planta acuática podría ser llevada lejos por la corriente del agua.

Algunas de las raíces menos profundas pueden salir a la superficie del suelo conforme crecen.

Raíces muy profundas

Una higuera salvaje en Echo Caves en Sudáfrica tiene las raíces más profundas del planeta. ¡Sus raíces tienen 400 pies (121.92 metros) de profundidad! Incluso, el *Libro Guinness de los récords 2008* le rindió homenaje a este árbol.

Las raíces de las plantas absorben agua y **nutrientes** del suelo. ¿Alguna vez has tomado agua con una pajilla? Las raíces de una planta son como una pajilla. Toman agua y nutrientes. Esto ayuda a la planta a crecer grande y fuerte.

La gente necesita vitaminas y minerales para estar sana. La plantas también necesitan nutrientes para sobrevivir. El nitrógeno y el calcio son dos ejemplos.

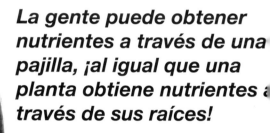

La gente puede obtener nutrientes a través de una pajilla, ¡al igual que una planta obtiene nutrientes a través de sus raíces!

La raíces de esta planta toman nutrientes del suelo. Sin sus raíces, una planta no podría obtener lo que necesita para sobrevivir.

¿Sabías que las raíces tienen pelos? Los **pelos radicales** son importantes. Estas minúsculas estructuras se encuentran en las puntas de las raíces de las plantas. En el **ápice de la raíz** puede haber miles de pelos. El ápice de la raíz es el último centímetro de la raíz. Está hecho de tejidos jóvenes.

Los pelos de la raíz incrementan el área de la raíz. Son como un especie de esponja que puede absorber mucha agua. También permiten que una planta tome nutrientes del suelo.

La parte final de una raíz es conocida como **caliptra**. La caliptra es como un casco: protege y cubre los ápices de la raíz mientras la planta crece bajo el suelo.

Una caliptra vista en el microscopio.

pelo radical

Los pelos radicales toman agua de la tierra
a través de un proceso llamado ósmosis.
Después, el agua sube por el tallo.

Las raíces pueden almacenar alimento para la planta. Muchas plantas del Ártico tienen raíces hinchadas que guardan reservas. Este alimento almacenado permite a la planta crecer rápidamente cuando llega el verano.

La silene acaulis es una planta común de la tundra y el Ártico superior de Norteamérica, Europa y Asia.

Raíces comestibles

¿Sabías que la gente come raíces? ¡Es verdad! Los betabeles y nabos son raíces. Igual que los rábanos y las zanahorias. Las batatas también son raíces comestibles. Así es que la próxima vez que hagas una sopa de verduras, ¡agrégale unas deliciosas raíces!

Cómo son las raíces

¿Todas las plantas son iguales? No. Algunas plantas, como el perejil, tienen una **raíz pivotante**. Una raíz pivotante es una raíz larga y vertical que crece hacia dentro de la tierra. Una raíz pivotante tiene una o más raíces principales con raíces laterales más pequeñas. Las raíces pivotantes de algunos árboles pueden ser muy profundas. Esto ayuda al árbol a anclarse firmemente.

Esta planta de perejil tiene una raíz pivotante larga y firme que la mantiene anclada al suelo.

Dientes de león: ¿La pesadilla de los jardineros?

Para muchos jardineros, los dientes de león son un verdadero problema. ¿Por qué? Los dientes de león tienen raíces pivotantes muy fuertes. Son difíciles de sacar por completo del suelo. Estas raíces pueden alcanzar 12 pies (4.57 metros) de profundidad. ¿Qué sucede si no sacas toda la raíz? El diente de león crecerá de nuevo, ¡tan fuerte como siempre!

Otras plantas, como los pastos, tienen **raíces fibrosas**. Al igual que la planta de tomate. Estas raíces son delgadas y extendidas. Tienen muchas ramificaciones.

planta de tomate joven

Las raíces fibrosas de una lechuga.

La raíces fibrosas suelen concentrarse cerca de la superficie del suelo. ¿Quieres saber algo loco? Si colocaras todas las raíces fibrosas de una planta madura una tras otra, ¡podrían medir más de 100 millas (160.93 kilómetros)!

Las plantas de césped tienen muchas raíces delgadas y fibrosas que se extienden bajo el suelo.

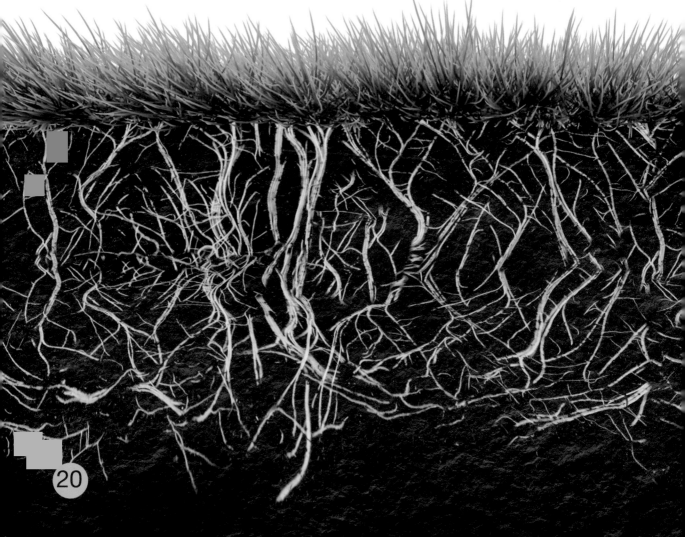

¿Qué necesitan las raíces para crecer?

Actividad

Qué necesitas:

- una planta de geranio
- dos macetas pequeñas (o contenedores del cesto de reciclaje)
- dos frascos
- polvo de enraizamiento (de un vivero o una ferretería)
- pedazo de papel
- cuchillo con filo (se requiere de la ayuda de un adulto)

Qué harás:

1. Pide a un adulto que te ayude a usar el cuchillo. Con el cuchillo, corta cuatro brotes de la planta de geranio. Retira las hojas de la parte inferior de cada brote, dejando libre alrededor de una pulgada (2.54 centímetros) de tallo.

2. Coloca el primer brote en un frasco vacío, sin agua ni tierra.

3. Coloca el segundo brote en un frasco con agua pero sin tierra.

4. Coloca el tercer brote en una maceta con tierra. Riégala ligeramente hasta que esté un poco húmeda.

5. Sumerge el cuarto brote en el recipiente del polvo de enraizamiento. Luego, planta este brote en la otra maceta con tierra. Procura que el polvo no se caiga al plantar el brote en la maceta.

6. Observa los brotes todos los días. ¿A alguno le están saliendo raíces? ¿Cuáles parecen crecer mejor? ¿A cuáles no les está yendo bien?

Glosario

ápice de la raíz: El extremo de una raíz, y que usualmente incluye la caliptra.

caliptra: El extremo de la raíz que protege el ápice mientras la planta crece bajo tierra.

nutrientes: Sustancias como los minerales o las vitaminas que la gente, los animales o las plantas necesitan para mantenerse sanos y fuertes.

pelos radicales: Estructuras minúsculas en la punta de las raíces que absorben agua y nutrientes de la tierra.

plántula: Una planta joven que acaba de germinar de una semilla y que no proviene de un brote.

radícula: La primera raíz producida por una semilla en germinación.

raíces fibrosas: Muchas raíces delgadas similares que salen de la base del tallo de la planta.

raíces secundarias: Raíces que se desprenden de la radícula.

raíz pivotante: Raíz larga y principal que crece hacia abajo y de la cual salen muchas raíces laterales.

Índice alfabético

diente(s) de león: 17

nutrientes: 10, 11, 12

pelo(s) radical(es): 12, 13

radícula: 6, 7

raíces fibrosas: 18, 19, 20

raíz(ces) pivotante(s): 16, 17

raíz(ces) secundaria(s): 6, 7

Demuestra lo que aprendiste

1. ¿Qué función cumplen las raíces en las plantas?
2. ¿Cuáles son los dos tipos principales de raíces y en qué se diferencian?
3. ¿Cómo ayudan la raíces en el crecimiento de la planta?
4. ¿Dónde se encuentran normalmente las raíces de las plantas?
5. ¿Cómo puede usar la gente las raíces de las plantas?

Acerca de la autora

De las ciencias del circo a las gomitas, Alicia Klepeis adora investigar temas divertidos y fuera de lo ordinario que hacen que la no ficción sea atractiva para los lectores. Alicia comenzó su carrera en la National Geographic Society. Es autora de muchos libros para niños, entre los que se encuentran: *Bizarre Things We've Called Medicine* y *The World's Strangest Foods*. No tiene manos de jardinero, pero se las ha arreglado para mantener un cactus vivo por más de 20 años. Alicia vive con su familia al norte del estado de Nueva York.

www.rourkebooks.com

PHOTO CREDITS: Cover: background photo © Vlue, illustration © Jakinnboaz, icon © Rvector; page 4 © Paper Teo, page 5 © MH Anderson Photography; page 6 © EdithFotografeert, page 7 © showcake; page 8-9 © Frank Fischbach; page 10 © Serhiy Kobyakov, page 11, 12 and 13 © Richard Griffin; page 14 © P.Fabian, page 15 © Letterberry; page 16 © vilax, page 17 g Richard Griffin; p18 © Ailisa, page 19 © iprostocks; page 20 © varuna. All images from Shutterstock.com

Editado por: Laura Malay
Diseño de la tapa e interior: Nicola Stratford
Traducción: Pablo de la Vega

Library of Congress PCN Data

Raíces / Alicia Klepeis
(Un acercamiento a las plantas)
  ISBN 978-1-73165-447-2 (hard cover)
  ISBN 978-1-73165-498-4 (soft cover)
  ISBN 978-1-73165-531-8 (e-book)
  ISBN 978-1-73165-564-6 (e-pub)
Library of Congress Control Number: 2022941021

Rourke Educational Media
Printed in the United States of America
01-0372311937